KB101083

물방울 ✦ 최종장

18

글/**Tadashi Agi**
그림/**Shu Okimoto**

인물소개

칸자키 시즈쿠

세계적인 와인 평론가 칸자키 유타카의 아들. 천상의 와인 '신의 물방울'을 찾기 위해 1년간 세계를 돌며 수행했다. '신의 물방울'의 내용을 둘러싼 '4대 중화요리와 와인의 마리아주' 승부에서 이겨, 7장 가운데 5장의 내용을 손에 넣었다!

토미네 잇세

'12사도'를 찾는 대결에서 시즈쿠와 비긴 천재 와인 평론가. 지금까지의 대결에서 시즈쿠에게 결과 이상의 실력 차이를 보여줬지만, '4대 중화요리와 와인의 마리아주'에서는 마파두부 대결이 승부처가 되면서 시즈쿠에게 진다. 차지한 '신의 물방울'의 내용은 시즈쿠와 똑같이 5장에 그친다.

칸자키 유타카

위대한 와인 평론가. 탁월한 지식, 경험, 표현력으로 와인업계에 이름을 새겼다. 사후에 밝혀진 유언에 따라 시즈쿠와 잇세가 '신의 물방울'을 두고 경쟁하게 된다.

시노하라 미야비

시즈쿠와 만나, 타이요 맥주 와인 사업부의 직원으로 스카우트됐다. 와인 지식이 풍부하며, '12사도' 대결에서는 시즈쿠를 도왔다.

후지에다 시로

시즈쿠와 타이요 맥주 와인 사업부의 멤버가 자주 찾는 와인바 '모노폴'의 마스터.

STORY

4대 중화 마리아주 승부도 끝나고, '신의 물방울'의 내용을 둘러싼 긴 싸움이 마침내 마침표를 찍었다. 칸자키 시즈쿠와 라이벌 토미네 잇세는 7장의 유언장을 각각 5장씩 차지했다. 12사도의 정점에 선 천상의 와인 '신의 물방울'은 무엇인가, 그 유언의 내용을 쥐고 마지막 여행을 떠나는 시즈쿠와 잇세. 시즈쿠는 '숙성'이라는 키워드에서 힌트를 찾기로 한다.

Contents

#155 그리스도의 피

아마도 그건 스케일이에요.

'신의 물방울'에 다가가는 중요한 요소,

와인 자체의 규모와 살아내는 시간을 의미해요.

살짝 보이기 시작한 것 같군.

예.

…와인의 스케일.

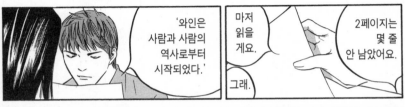

'와인은 사람과 사람의 역사로부터 시작되었다.'

마저 읽을게요.

그래.

2페이지는 몇 줄 안 남았어요.

사람과 사람….

…….

6

시즈쿠 씨?

'그리스도의 피가 바쳐졌다.'

'...전 세계를 뒤덮은 거대한 계통수의 뿌리에는,

그리고 줄기는 둘로 갈라져,

하나는 서쪽으로, 다른 하나는 동쪽으로 뻗어나갔다.

서쪽 줄기는—.

절묘한 지점에서 끊었군.

흐음~.

뭐어—!

'신의 물방울'의 두 번째 페이지는 여기까지예요.

끝나버린 느낌 이에요.

발 들여놓은 순간

그래도 의미심장한 단어는 여러 개 나왔어.

그리고 두 개로 갈라진 줄기가 동서로 뻗어나갔다.

생명의 강인함, 거대한 계통수, 그리스도의 피.

와인의 스케일, 시간과 크기,

빵을 손에 들고
"이것은 나의 몸이다"
라고 말하고,

잔을 들고는
"이것은 나의 피다"라고
말하면서
제자들에게
나눠줬다지.

아마도
'최후의 만찬'에서
그리스도가 했던
말일 거야.

그리스도의 피라….
'신약성서'에도
그런 이야기가
있잖아요.

맞아.

그러고
보니,

아!

이거.

스페인의
'비센테 후안
마시프'라는
16세기의 화가가
그린 그림에는,

디캔터
비슷하게 생긴
유리 용기에 담은
와인이 있어.

'최후의 만찬'은
많은 화가들이
그렸는데,

진짜다.

그렇다면
역시.

그리스도의 피는
그야말로
레드 와인이었어.

응,
그렇네.

'신의 물방울'은
레드 와인일지도
몰라.

단정
지을 수는
없지만,
어쩌면…

어떤
의미일까요?

서쪽과
동쪽이라는 건,

검색

프랑스 지도

파
딱

가령 프랑스로
한정짓는다면,

서쪽이 유럽,
동쪽이
신대륙이라고
하기는
좀 억지스러운
감이 있지.

내륙에 위치해서 스위스에 가까운 부르고뉴가 동쪽이라고 생각할 수도 있지 않을까.

부르고뉴
BOURGOGNE

보르도
BORDEAUX

독일

스위스

프랑스

스페인

대서양에 가까운 보르도가 서쪽이고,

이 2대 산지의 것일 가능성이 높을 것 같아.

시간과 공간의 규모감을 충족시키는 위대한 와인이라고 하면,

그렇죠.

수중에 있는
4페이지와 5페이지,
그리고 마지막
7페이지를
읽기 전에…

우선
이 두 페이지에서
추리해낸 방향성을
알아보는 것도
괜찮을 것 같아요.

물론 아직
레드 와인으로
결정된 것도
아니고,

보르도와 부르고뉴는
고사하고,
프랑스 와인이라고
단정할 근거도 없지만,

그래.

와인을 블라인드
테이스팅할 때도
마시지 않고
우선 향기만 가지고
범위를 좁혀가는
방식이,

의외로 정답에
근접하기도
하니까.

아주 강하게 느낀 점이 하나 있어.

나 이번에 '신의 물방울' 유언장의 1페이지와 2페이지를 읽고,

시간과 공간의,

오. 그게 뭔데요?

스케일 이라….

그런 느낌.

내용이….

'12사도'와 상당히 다르구나,

가장 오래된 것이 '샤토 라플뢰르' 1994년산 이었잖아요.

장기숙성이 전제로 깔리는 귀부와인을 빼면 '12사도'는 젊은 와인이 많았어.

맞아.

1994년산 '라플뢰르'는 빈티지의 마법이 만들어낸 애절함이 '사도' 이야기의 핵심을 이룬다고 생각해.

하긴…. 그럴지도.

원래 '라플뢰르'는 1994년산의 라플뢰르에 나타나는 감귤 뉘앙스가 없거든.

그렇죠.

그 '라플뢰르'는 다른 해의 것에 비해 독특하지.

즉, '12사도'에는 '시간'—, 단어를 바꾸면

'숙성'이라는 요소가 담기지 않았어요.

'숙성'의
요소라….

이게
우연인
건지,

아니면
칸자키 유타카라는
괴물이 짜넣은
일종의
수수께끼인지….

와인뿐만 아니라
요새는 '숙성'이
유행이잖아요.

예를 들어,
숙성육 전문점도
최근에 막
생기고 있고요.

어.
그래요?

응.

하지만 원래 숙성육은
아마도 유럽에서
시작했을걸.

응.

16

냉장고가 없던 시절, 유럽에서는 사냥해서 잡은 고기를 추운 동굴이나 지하 셀러 같은 곳에 매달아 보관했어.

그렇게 한 게 의외로 맛이 좋다 보니, 굳이 추운 장소에 매달아 숙성시키는 게 고기 섭취 방식의 하나로 정착한 거지.

그러면 우선 그 마리아주를 시험해보는 게 어때?

네?

와~~. 유타카 선생님도 드셨을까?

그야 1년의 절반 이상을 유럽 어딘가에서 보냈으니까. 레드 와인과 숙성육은 디너의 기본 중 하나였잖아.

아버님이 젊은 시절부터
쭉 경험해온
'시간과 시간의 마리아주'를
자네도 따라서
체험해 보는 거야.

뭔가 큰 힌트를
얻게 될지도
모르지.

좋은
걸요.

'시간과
시간의
마리아주'라.

일리가
있네요.

숙성육과
숙성 와인을
마리아주
해줄 만한 가게가.

어디
없을까?

어디예요?! 예?!

나도 가고 싶어!

5년쯤 전에 드나들었던 가게 중에,

와인과 고기의 멋진 마리아주를 보여주는 레스토랑이 있었어.

그 가게.

타닥 타닥 타닥

잠깐 실례

아직 있으려나,

오—예!!

일단 있는 것 같군.

오.

엇—.

응?

그런데 홈페이지가 하나도 갱신되지 않았어.

살짝 불안…하네.

그치?

19

※ 카구라자카.

그래도 이런 곳이 말이죠, 내부 인테리어는 멋지게 바꿔놓기도 하니까~~.

가게의 외관도 숙성을 거쳤다고 할까….

뭐라고 하지? 고택 레스토랑?

우응~~.

자,
어서 오세요.

원하시는
자리에
앉으세요.

......

손님이
찾아주셔서
참 다행이야.

야아—.

어,
어떡해?

드,
들어왔으니
먹어봐야지.

와
하
하!

너무 한가해서
하마터면
자랑하는 숙성육이
부패육이 될
판이었어요.

방금 한 말은
농담입니다.
숙성과 부패는
종이 한 장 차이지만
엄연히 다르지요.

저,
음료 메뉴는?

메뉴는 스테이크와
샐러드가 있는데,
스테이크는
원하시는 고기 부위를
구워 드립니다.

23

홈페이지에
와인과 숙성육의
마리아주라고
적혀 있던데요.

아아.
물론 있습니다.

가능하면
와인을 주문하고
싶습니다만.

맥주와 소주,
일본주,
그리고
하이볼.

우리 가게는
이제 와인을
취급하지 않아요.

홈페이지요.
그거 수정하는
방법을
몰라서요.

아아.

네?

#155 END

우리 가게는
이제 와인을
취급하지
않아요.

#156 숙성이라는 신비

맛있는 숙성육은
어떤 음료와 먹어도
최고로 맛있으니까요.

와인 이외의
음료로 주문
부탁드립니다.

우리 가게의 숙성육은 식욕을 자극하는 숙성향이 있거든요.

입 안에 감칠맛이 가득한 육즙이 퍼지면서 살살 녹아버리지요.

소스는 물론이고 후추도 필요 없습니다. 암염을 뿌리는 것만으로,

표, 표현을 굉장히 맛있게 하시네요.

잘 먹겠습니다.

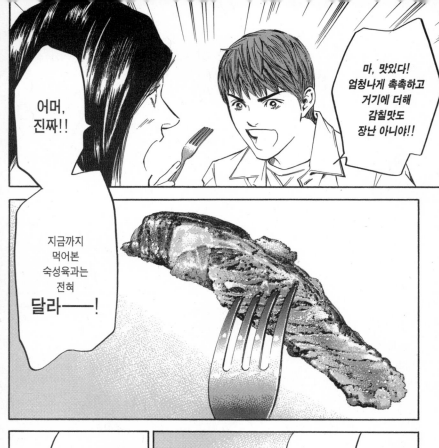

어머,
진짜!!

마, 맛있다!
엄청나게 촉촉하고
거기에 더해
감칠맛도
장난 아니야!!

지금까지
먹어본
숙성육과는
전혀

달라──!

우리 집 같은
규모의 가게에서
그렇게 하는 곳은
흔치 않아요.

그렇죠,
그렇죠?

아하~.

우리 집 고기는
냉장창고에서
육질과 조리 방식에 맞춰
제가 직접 고기를
숙성시키고 있습니다.

오동
오동

보통은 정육점에서
숙성시킨
고기를 사와서,

체인점의
경우는
대개가
그래요.

가게에서는
굽기만
하죠.

애초에 연하고
맛있는 고기를 쓰니까
맛있는 게 아닐지….

이 고기는
정말
맛있는데,

고기는
숙성시키면
왜 맛있어
지나요?

나도
알고 싶어!

그건
아닙니다.

네?

손님,

그래도 될까요?

예, 서비스로 드릴게요.

시험 삼아 숙성하기 전의 고기를 드셔보렵니까?

모처럼 숙성육에 관심을 가진 손님이 오셨고,

최근에는 숙성육이라는 간판을 내건 스테이크 가게나 고깃집이,

우후죽순처럼 문을 연 탓에 망하는 가게가 나오곤 하거든요.

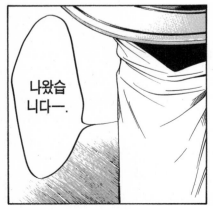

나왔습 니다─.

사실 그런 가게에서 내놓는 숙성육과는 격이 다르지만요.

그치?

여기, 의외로 제대로 찾아온 것 같아요.

숙성하기 전의
우리 집 고기를
조금만
구워 왔습니다.

잘 먹겠습니다.

어디 보자….

살코기라 맛있겠어.

냠

어머나….

욱.

와규입니다.

와규(和牛)인가요?
살코기만 있고
지방이 없네요.

좀 질겨요.

아ㅡ.

그런데 이건
※경산우
(經産牛)라고
해서,

새끼를
많이 낳은
암소지요.

※경산우(經産牛) : 송아지를 한 번 이상 낳은 암소.

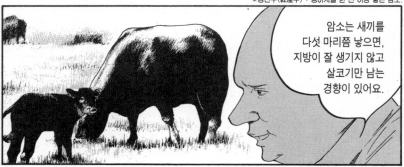

암소는 새끼를
다섯 마리쯤 낳으면,
지방이 잘 생기지 않고
살코기만 남는
경향이 있어요.

32

죄송
합니다.

죄,

전
고기 얘기를 저기,
하는
중입니다만.

부릅

괜찮으시다면
타이요 맥주를
한 잔 더
드릴까요?

싱긋

소고기에는
역시 맥주지요.

와인처럼
아주 까다롭기
짝이 없는
음료보다는요.

예에.

아,

그랬군.

그러면 그거네.

가게를 떠난 소믈리에가 홈페이지를 관리했던 거야.

그런 것 같아요. 주인이 컴퓨터에 완전히 문외한인 것 같았어요.

그래서 홈페이지가 전혀 바뀌지 않았어.

응. 그 가게에 있었어.

약간 별나지만 꽤나 실력 있는 소믈리에가.

네?! 소믈리에?

여기,

이 사람.

응.

전혀 손대지
않았으니까
홈페이지에
남아 있을 거야.

어떤
사람인데요?

......

어쩐지 '알라딘과 마술램프'의 지니 같아.

아무말 대잔치…

……

우히히

스모 히데아키….

확실히 외모부터 범상치 않네.

어허. 외모는 이래도 스모 씨는 프랑스에서 오랫동안 일한 경험이 있어.

아! 닮았네, 닮았어.

주인님~~~

그래서 프랑스 와인에 관해서는 상당히 안목이 있고, 그중에서도 오래된 술에 강해서… 어디선가 싸고 수준 높은 오래된 와인을 잔뜩 들여놨지.

소원을 들어주는 요정 말이지?

오래된 와인 마스터라….

!

뭔가 독특한 루트가 있었나 봐. 알려주지는 않았지만.

각(刻)을 새겨
깊은 맛을
입혀가는
숙성육─.

시간(時)의 흐름에
몸을 맡기고
심오함을 더해가는
와인과,

그 '시(時)와 각(刻)의
마리아주'를
즐겨주십시오.

......

이 사람도….

만나보고
싶은걸,

가게를 운영하는 모양이야.

그는 그 나름대로,

봐. 이름으로 검색하니까 나왔어.

그렇게 말할 줄 알았지.

< 검색

와인바 시간의 창
소믈리에 스모 히데아키의 올드 와인바

시간의 창

그렇겠죠.

가보면 알겠지.

무슨 일이 있었던 걸까….

그러니까 두 사람이 갈라서서 각자 자기의 가게를 운영하고 있다는 얘기네.

어?

으음~~.

고기
얘기를
꺼내면
화를 내진
않겠죠.

설마 또
그 숙성육
가게의
주인처럼,

응?

뭐야,
이 가게?

같은 카구라자카
지역에
있다니~~.

이상
하네요.

사이가
틀어졌으면
완전히 다른 곳에
가게를
열 것 같은데.

카구라자카의
도로를
사이에 두고
맞은편에,

200미터도
안 되는
거리에
있잖아.

※카구라자카.

손님이시죠?

어서
오십시오ㅡ.

저기요….

카운터석이
비어 있습니다.

앉으세요,
앉으세요♡

음ㅡ.
일단은 글라스로
오래된 레드 와인이
있으면 주시고요.

테이블도
비었는데….

시, 시즈쿠 씨.

그리고 배도 좀 출출하니까, 이를 테면 숙성육으로 만든 스테이크를….

예전에 길 맞은편에 있는 가게에 오신 적이 있습니까?

저, 손님,

그런 건 아니고, 홈페이지에 있는

'시(時)와 각(刻)의 마리아주'를 경험해보고 싶어서 왔습니다.

이 대목에서 억.
울어?

#157 그때는

부들 부들

아니요,
죄송합니다.

옛 생각이
떠오르는
바람에….

저, 저기~~,
왜 그러세요?

알 수 없는
아저씨네…

'그때'는…

……

'그때'는 좋았지ー.

우리 집은 오래된 와인을 전문으로 다루는 와인바니까 먼저 이걸 드셔보세요.

80년대 멀티 빈티지를 블렌딩한 샹파뉴입니다.

빈티지는 적혀 있지 않지만,

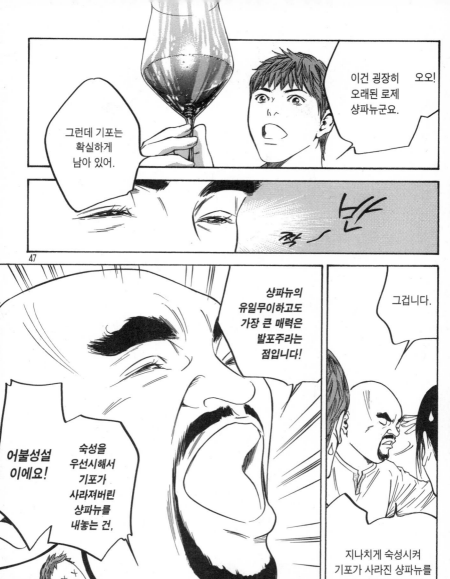

아이들이 돌아간 뒤
조금은 쓸쓸해 보이는
해질녘의 유원지.

그렇게
정겨우면서도
애잔한 광경이
떠오르는…

멜랑콜리하고
따스한
샹파뉴예요.

예전 파트너와 제가 지향했던 음식과 와인의 이상적인 세계관이었어요.

예.

숙성우와 숙성 와인을 말씀하시는 겁니까?

아, 아니, 사이가 나빠진 이야기를 듣자는 게 아니라.

그런데 지금은 헤어져서….

그게 대체….

얘기 하자면 길답니다.

왜 이렇게 되어 버렸는지,

원래 나와 이시야마, 그러니까 '시간의 문'의 오너 셰프는 고향 친구예요.

초등학교도 같이 다녔고, 한마디로 '죽마고우'라는 거였죠.

스무 살이 넘도록 그 인연을 이어갔어요.

이시야마는 정육점 아들, 나는 주류 판매점 아들,

이대로는 안 되겠다는 생각을 하게 되었어요.

우리는 각자 부모님의 가게를 거들었는데,

각자가 하고 싶은 일을 10년 동안 열심히 해보자.

결국 둘이서 의기투합해 뭔가를 할 수 없을지 의논했지요.

그래서
10년 뒤
도쿄에서
다시 만나,

함께 사업을
시작해보자고
약속했어요.

이시야마는
뉴욕의 스테이크
하우스에
공부하러 갔고,

그곳에서
*드라이 에이징
비프를 만났습니다.

*드라이 에이징(Dry Aging) : 고기를 일정 온도와 습도, 통풍이 유지되는 곳에서 공기 중에 노출시켜 숙성시키는 건식 숙성 방법.

나는
프랑스의 오래된
레스토랑에서…

드라이
에이징
비프….

그 매력에
흠뻑 빠져
들었지요.

셀러에
잠들어 있는
수많은
올드 빈티지
와인을 만나,

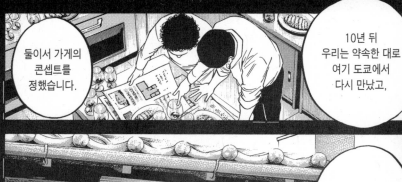

둘이서 가게의 콘셉트를 정했습니다.

10년 뒤 우리는 약속한 대로 여기 도쿄에서 다시 만났고,

숙성육과 와인 전문점
에이징 도어

그게 숙성육과 에이징 와인의 마리아주였던 겁니다.

와인도 잘 마시지 않았기 때문에 가격이 쌌어요.

그 당시만 해도 일본에는 숙성육이라는 것이 지금처럼 알려져 있지 않았고,

귀한 올드 빈티지를 많이 사들여,

영업을 시작할 수 있었지요.

하지만 젊은 두 사람이 시작한 가게가,

자리를 잡기까지는 참 많이 힘들었죠.

그 시절 일본에는 숙성육을 먹는 문화가 거의 없어서,

와인도 가볍게 마실 수 있는 게 아니었어요.

고급 차돌박이만 인기가 있고,

올드 빈티지 와인을 주문하는 손님은 없었습니다.

고급 레스토랑도 아닌 우리 가게에서…

가게 문을
닫는 수밖에
없나 하고
생각한 적도
여러 번 있었지요.

하하하하.
지금 생각하니
그것도
그립네.

또 마시려고
하네…

그것 참~~.
꽤나 오래도록
고생을 했어요.

흐름이 바뀐
계기가
있었습니까?

!

하지만 저희가 아는
소믈리에에게 듣기로,
아는 사람은 아는
유명한
가게였다던데요.

가게 간판을
'시간의 문'으로
바꾸게 된
이유이기도
했던 말….

…계기는
홈페이지에 올린
우리 가게의
철학이자,

시간의 문

'시(時)와 각(刻)의 마리아주',

그걸 가르쳐준 분과 만난 것입니다.

어떤 분이 가게에 불쑥 찾아오셨지요.

벌써 15년쯤 전의 일일까요.

저의 오래된 와인과 파트너가 만드는 수제 숙성육 스테이크를 몹시 마음에 들어 하셨어요….

나중에 알고보니 선생님께서 어떤 요리 잡지와 인터뷰하면서 우리를 소개하신 모양입니다.

그걸 계기로 손님이 끊이지 않는 가게가 되었지요.

. 그럴 겁니다.

그 무렵이군요. 저희에게 그 가게를 소개해준 소믈리에가 방문한 게.

무슨 일이 있었습니까?

그러나?

한동안은 그렇게 번창하는 가게의 분주함을 즐기며,

그러나 ....

나나 이시야마는 꿈을 이뤘다는 기분에 취해 있었어요.

67

저도 같은 걸로.

그, 그렇군요. 그럼 글라스로 레드와인을.

의외로 정사 수완이 좋으셔…

그리고 뭔가 먹을 게 있을까요?

저기, 샴페인이 비었는데요.

다른 걸 드릴까요?

생햄과 치즈와 마른안주 정도밖에 없는데, 그거라도 괜찮으시다면.

…저는 솜씨가 없어서 요리는 전혀 못합니다.

준비해 오겠습니다

그리고 빵도. 그러면 다 주세요.

으음~~.

어? 아, 어떡할래요?

알겠습니다.

생햄과 치즈와 너트를 준비했습니다.

기다리셨지요?

잘 되지도 않잖아.

요리가 전혀 없으면 가게가 잘 되더라도 한계가 있겠네.

그리고 와인. 보르도다운 장기숙성형 레드 와인인데요.

일단 마셔보세요. 이름은 나중에 알려드릴 테니까요.

…생 줄리앙 이군요.

서양 삼나무 냄새와 부엽토 뉘앙스,

숙성한 와인만이 뿜어내는 에로틱한 동물성 아로마가 풍부하게 느껴집니다.

냄새 만으로 어떻게 그걸….

예에. 마, 맞습 니다만,

이거.

적어도 30년은 넘은 와인이네요,

응. 훌륭해.

아마도 와인은—,

잘 마시겠 습니다.

그래요.
이 와인은
논리와 지성이
아니라,

아아.
이 놀라운
설득력.

감각 자체를
표현한
예술의 흐름과
이미지가 겹쳐요.

넘쳐흐르는 글리세린을
연상하게 만드는 이 풍미,
분화구에서 흘러내리는
용암처럼
감성을 뜨겁게 뒤흔듭니다.

눈에 보이는 리얼한 색채가 아니고
마음에 호소하는 색채의 이미지를
그대로 표현한
백 년 전의 회화 조류—,
포비즘.

즉 '야수파'의
일련의 회화.

이 와인의 본질을 완전히 간파했어.

괴, 굉장해.

그 뒤에 우연히 퐁피두 센터에 갔다가 거기에 걸려 있던 블라맹크의 그림을 보고,

번개를 맞은 것 같은 감동과 납득감을 맛봤지요.

나는 이 '그뤼오' 70년산을 파리의 비스트로에서 마셨습니다.

이 와인을 있는 대로 다 사들였던 기억이 있어요.

그리고 그 길로 곧장 와인 가게로 가서,

그건…
가게가 번창하기 시작해서
종업원도 고용하고,
예약 손님으로 자리가
꽉 찼던 시기에
벌어진 일입니다.

나는
와인을 구입하러
프랑스로 떠나고,

우리는
교대로밖에
쓸 수 없는
휴가를
이용해서,

순조로워 보였지만,
대화를 나눌 시간이
줄어들었던 걸까요.

이시야마는
이시야마대로
새로운
고기 재료를
찾기 위해

세계 각지를
여행했습니다.

가게를 비운 사이에 일어난 일로 시작됐습니다.

첫 충돌은 내가 프랑스로 와인을 구입하러 가느라,

그것도 한 이유였을 겁니다.

마침 그때는 계속 이렇게 잘 풀리면 2호점을 낼까,

내가 없는 동안 이시야마가 어떤 유력 구르메 잡지의 '와인 특집' 취재에 응한 겁니다.

그런 이야기를 하던 참이었어요.

이시야마!! 이게 뭐야?!

그것도 저에게 연락도 하지 않고 멋대로….

와인 특집

콰앙

시간의 문

요리는 훌륭하지만
와인과의 페어링은 미흡.

…미안해.

나는 전혀
들은 바가
없어!!

나 없는 동안
이런 인터뷰를
한다는 얘기,

알았어,

알았
다고….

그게 계기였다는
말씀입니까?

그 응어리가
서로에게
남아 있었던 거죠.

결정적인 건
그 뒤에 벌어진
일이었습니다.

쭈욱―

마셨다.

아. 또
마셨어.

이번에는 이시야마가 가게를 비웠을 때 내가 일을 저질렀어요.

그 사건이 있고 한 달 뒤,

나중에 생각하니,

변명의 여지가 없는 결정적인 잘못을요.

……

#158 END

이번에는 이시야마가 가게를 비웠을 때 내가 일을 저질렀어요.

결정적인 잘못을요.

#159 고기와 오래된 와인의 이별

최초의 원인은

가게의 셀러가 고장난 거였어요.

하아

고기는 저대로 40일이나 방치하잖아요?

뭐?!

그럼 온도를 올리는 건 어때요?

2, 3일 정도는 괜찮지 않을까요?

그, 그러게.

일단 이시야마한테 연락해서 양해를 얻은 뒤에….

그러는 동안 셀러의 온도는 20도를 넘어서 더는 기다릴 수 없는 상황에 몰리고 말았습니다.

그런데 하필이면 그때 이시야마는 뉴욕에 가 있어서 도무지 연락이 닿지 않았어요.

……

세프, 아앗!
소믈리에!

참으세요!

결국 그 싸움이
결정타였습니다.

나는 내가 소유했던
절반의 경영권을
그에게 내주고
가게를 나오는 대가로
돈을 받았습니다.
이 가게는
그 돈을 바탕으로
연 겁니다.

나와 이시야마는
갈라지기로
결정했고,

93

뭐, 부부가
이혼한 것과
같은 거죠.
가진 것을
반씩 나눠 갖고
말입니다.

쭈욱─

그랬
군요.

그만한 일로
화를 내는 사람이랑은
같이 일 못하죠.

더 즐겁게
일할 수 있는
셰프를
고용해요.

이번 가게는
스모 씨가
단독 오너니까,

이시야마가 만든
감칠맛 나는
숙성육이었다는 걸
깨닫게 될
뿐이었어요.

내가
나의 오래된
와인과
마리아주하고
싶었던 음식은,

이 가게를 열고 나서
몇 명의 셰프를
고용했지만
신통치 않았어요.

와인도 내놓지 않는 가게가 되어버렸어요.

저쪽도 마찬가지예요. 소믈리에도 없고,

결국에는 이렇게 식사를 제대로 내놓지 못하고,

안주와 와인만으로 꾸려가는 가게가 되고 말았지요.

마시는군ㅇ

쭈ㅡ욱

또 마셔…

엄청난 분노를 느낀 거죠.

…내가 한 짓에,

네?

정말 그럴까요?

…의외로 자학적인 사람이군.

그 미움이 와인과 소믈리에에게 향한 거예요.

……

하

스모 씨가 쓴
코멘트도
그대로고요.

가게 이름도 스모 씨가
있을 때의 것을
바꾸지 않았고,
홈페이지도 그대로예요.

바꾸는 방법을
모르는
것뿐입니다.

그거야
이시야마가
IT 문외한이라,

음—.
그래도 그런 건
업자한테 부탁하면
해주지 않나요?

아버지—.

게다가
'시간의 문'이라는
가게 이름은,

칸자키
유타카의—.

아니,

어쩐지 보통 분이 아니라고 생각했어요!

칸자키 유타카 선생님의 아드님이셨군요—!

사과의 뜻으로 와인을 한 병 더 따겠습니다.

이 와인은,

고, 고맙습니다.

이건 제가 드리는 겁니다.

자자, 사양하지 말고 드세요.

향도 맛도 부드러워졌어요.

그렇네.

타닌이 완전히 녹아서,

포므롤다운 향긋한 과일맛이 있어요.

주제넘지만, 유타카 선생님처럼 이미지로 표현한다면.

또야?

어? 또 마셔?

맞습니다.

…….

그래요. 예를 들면— 예전에 우애롭던 죽마고우의 사이가 틀어졌지만,

긴 세월이 응어리를 풀어줘서,

다시 포옹을
하는 듯한….

......

나도 이제
모르겠다

그랬다가는
틀림없이
문전박대
당할
겁니다.

그 친구,
말도 못하게
고집쟁이
라고요.

어차피
바로 앞에
있는데

그렇게 화해하고 싶으면
지금도 늦지 않았으니까
진심을 털어놓으면
되잖아요.

어림없는
소리!

소 힘줄도 숙성되면 연해지는걸요.

배우가 고기라니?

한번 결정하면 요지부동에, 소 힘줄처럼 질기고 질긴 녀석이란 말이지요.

대책 없이 단단한 와인도 그렇지 않습니까?

30년이나 재워두면 부드럽게 숙성해서 미소를 지어주죠.

그게 시간의 마법이라는 겁니다.

그렇지!

저희한테 맡겨주시 겠어요?

말했군

그 친구도 같은 생각일 겁니다.

…하지만 이제 와서 무슨.

으음~~.

예?

사실은
이야기를 듣고 나니
더더욱 두 분이
만들어내는,

숙성육과
오래된 와인의
마리아주를
맛보고
싶어졌어요.

#159 END

하지만 고집도 있고, 타이밍을 잡지 못해서,

솔직히 두 분 다 생각하고 계신 거 아닙니까?

두 분 다 괴로움에 끙끙 앓고 있는 거죠.

다시 한 번 함께 가게를 꾸려 나가고 싶다고.

타이밍을 놓치면 아주 좋은 와인이라도 즐길 수 없게 되곤 하죠.

와인도 그렇잖아요.

다시 시작할 계기를 만들어보자고요.

……

서로가 정점을
지나쳐서,

시들어버린
와인처럼
되기 전에.

이제 와서
사과하러
가는 것도
웃기는 일이고.

하지만 어떻게
해야 할지….

으음~~.

그것만 가지고는
어색한 느낌을
말끔히 털어낼 수
없을 것 같아요.

그렇긴
하네요~~.

아아아아

갑작스러워서 도통….

축하해 주는 건 고마운데,

괜찮은 가게를 못 찾겠어….

아! 다카스기 씨다.

이번 주에 열 축하 파티 때문이네요. 어디….

네?

그거다!! 좋은 생각이 있어!!

예에.

스모 입니다. 스모 히데아키.

라고 하셨죠?

스모 씨

그, 그치만.

어.

그러니까 말이야—

108

스모 씨,
이거 해보신 적
있죠?

소믈리에
니까요.

물론
있습니다.

그렇다면 전혀
부자연스럽지
않겠군요.

그쵸?

'우연히'
라는 것도
있으니까,

라고요…?

우,
'우연히'…

친구들이
축하 파티를
열어준다고
하네요.

실은,
제가 어떤
대결에서
이겼거든요.

예.

출장
요리요?

셰프님이
숙성육 요리를
만들어 주셨으면
합니다.

장소는
총무를 맡은
신혼부부가 사는
초고층
아파트인데,

저야
감사하지요.

그렇군요,
그래요.

기꺼이
하겠습니다.

보다시피
가게가
썰렁해서,

또 어딘가
다른 가게에
도매로
넘겨야 하나
생각했던
참입니다.

마침
상태가 좋은
숙성육이
있는데도,

최상품
숙성육을
가져갈게요.

몇 명
이세요?

정말
이시죠?
고맙습니다.

실력 발휘를
해야겠군.

축하하는
자리라고
하셨죠?

어서 오세요, 이시야마 씨.

주방은 이쪽입니다.

초고층 아파트는 이렇게 생겼군요….

그렇습니까? 아직 가져올 게 더 있는데요.

아! 저도 도울게요. 저도 요리사입니다.

아아.

그런데 이렇게 좋은 집에서 무슨 파티를 여십니까?

고맙습니다.

그걸 축하하는 파티예요.

저 친구가 중요한 대결에서 이겼거든요.

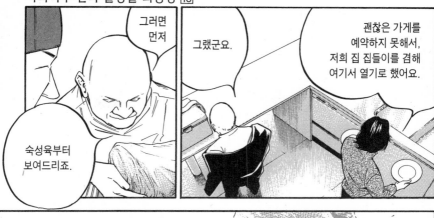

그러면 먼저

그랬군요.

괜찮은 가게를 예약하지 못해서, 저희 집 집들이를 겸해 여기서 열기로 했어요.

숙성육부터 보여드리죠.

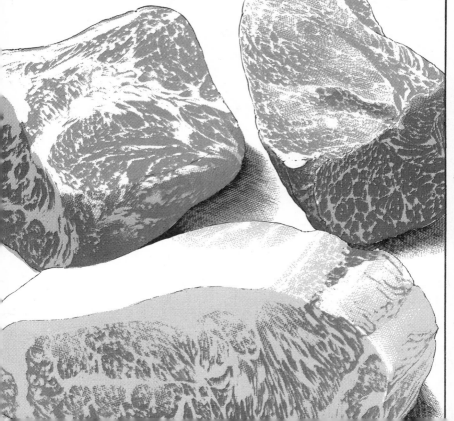

116

출장 요리인데도 정식으로 굽는군요.

역시 전문가 다우세요.

화덕에 숯을 넣어서 굽고 싶어서요….

그러세요.

베라다를 좀 쓰겠습니다.

괜찮아요. 간단한 요리와 함께 마시면서 기다릴게요.

고기는 상온에서 녹여 놨지만, 화덕은 지금부터 불을 지피기 때문에 시간이 좀 걸립니다.

대강 열기가 오르기 시작했지만,

원래는 숯이 조금 더 하얘진 뒤에 고기를 굽는 게 좋아요.

아하.
그럼 조금 더
기다리나요?

공들여 구울
거라서요.

아니,
괜찮아요.

기름이
떨어지면
연기가
피어오릅
니다.

불을 붙인
시간이 짧으면
숯이 붉은
상태라서,

그러면
고기에 탄내가
옮아가요.

양쪽 면을
균등하게
조금씩 굽는 게
비법이지요.

고기 표면을
센 불에서
가볍게 구워
노릇하게 색깔을
입힙니다.

이러면
고기의
숙성향이
서서히
피어납니다.

그러다가
적당한 때를 봐서
알루미늄
포일에 싸서
전체적으로
열이 가게 합니다.

맛있겠다~~.
배고파요.

맛있는
냄새가 나기
시작했네.

속은 촉촉한
미디엄 레어로
완성됩니다.

이 과정을
몇 번 반복하다 보면
표면은 바삭하게
구워지고,

오늘은
전부
와인으로
갈 겁니다.

아뇨.

슬슬
첫 번째 고기를
내갈 때가
되었으니,

맥주를
준비해주세요.

예―,
기다리고
있었어요―.
들어오세요―.

딩
―
동

그건
손님이
원하시는
대로⋯.

예?
뭐,

실례합니다.

출장 소믈리에
스모입니다.

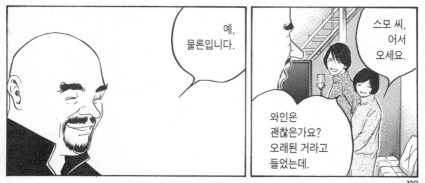

예,
물론입니다.

스모 씨,
어서
오세요.

와인은
괜찮은가요?
오래된 거라고
들었는데.

그리고 댁까지는 이렇게 발을 끌다시피 하면서 가져왔습니다.

수상쩍어~

살금살금 걸음

전부 보냉 백에 담아 조심조심 운전해서 아파트 근처까지 왔어요.

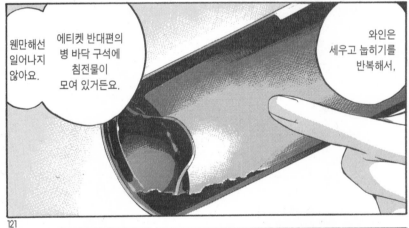

와인은 세우고 눕히기를 반복해서,

에티켓 반대편의 병 바닥 구석에 침전물이 모여 있거든요.

웬만해선 일어나지 않아요.

......

그쵸, 이시야마 씨?

야아~~. 역시 스모 씨네요.

오래된 와인을 정말 잘 다루세요.

이시야마 씨?

……

그렇습니까?

전부
이렇게,

바구니에
담아서
가져왔습니다.

뗼
뗼
뗼

저는
와인은 모르니까
고기를 굽겠습니다.

멋진
와인이야.

우와ー!

대단해!

흘끔

오늘의 셰프는
'시간의 문'의
이시야마 씨라고
들었기 때문에,

이시야마
셰프가 굽는
궁극의
숙성육에
곁들여,

꼭 마리아주하고
싶은 와인을
저의 셀러에서
가져왔습니다.

이 와인
입니다.

그,
그 와인은?!

......

#160 END

그, 그 와인은?!

#161 다시 한 번 건배

훌륭해 ♡

오오!

상태가
훌륭하군요.

정말
맛있어요.

......

서빙하겠
습니다.

알겠
습니다.

다른 분들께도
따라주세요.

이시야마 셰프의
고기가
다 구워지려면,

그런데 마시는 건
잠시 기다려
주시겠습니까?

네?

앞으로 6분
기다려야
합니다.

즐거운
마음으로
기다려주세요.

글라스 안에서
지금보다 훨씬
화려하게 향을
피워낼 테니,

그동안
이 와인도,

이제 곧 다 구워집니다.

지금부터 3분간 알루미늄 포일에 싸서,

고기 전체에 열을 가할 겁니다.

스모 소믈리에와 이시야마 셰프도 같이 마시면 좋겠어.

빨리 먹고 마시고 싶다~.

아~~, 맛있겠어!

달칵

3분이
됐습니다.

고맙
습니다.

스모 씨와
이시야마 씨도
와인을
드세요.

와인과
함께 드세요.

최고로
먹기 좋은
숙성육입니다.

쩌

！
０
ｂ

131

어서
마셔보세요.

와인도 최고로
마시기 적당한
타이밍입니다.

소믈리에도 숙성육을 맛볼 수 있을까요?

다카스기 님,

고맙습니다.

머쓱

두 분도 저희와 함께 숙성육과 와인의 마리아주를 즐겨주세요.

물론입니다.

그러면 칸자키 시즈쿠 씨의 승리를 축하하며,

자—.

건배!

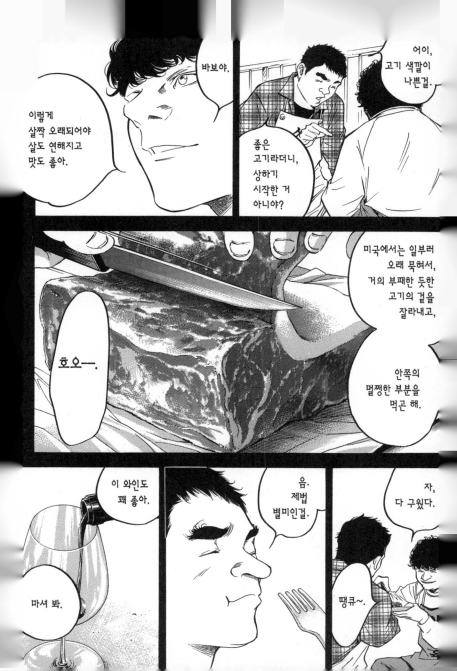

이거
맛있군.

…이렇게
근사하게
숙성했구나….

역시 그때
그 와인인가?

귀국할 때
프랑스에서 사온
와인이야.

응.
가게가 성공하면
자네와 둘이서
마시려고,

1988년산
'샤토 오브리옹'.

우리가
10년 뒤의
재회를 맹세했던
그해의
와인이지….

CHATEAU HAUT

CRU CLASSE DE GRA

Appellation

1988

ed by CHATE

BORDEAUX

예?

아직 젊군요.

오히려 진정한 정점은 여전히 찾아오지 않았지요.

아름답게 숙성했지만 조금도 시들지 않았어요.

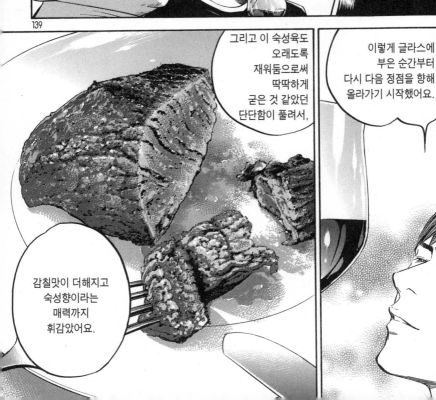

그리고 이 숙성육도 오래도록 재워둠으로써 딱딱하게 굳은 것 같았던 단단함이 풀려서,

이렇게 글라스에 부은 순간부터 다시 다음 정점을 향해 올라가기 시작했어요.

감칠맛이 더해지고 숙성향이라는 매력까지 휘감았어요.

시간이 안겨준
부드러움과 강함,
그리고 원숙함과
놀라울 정도의
젊음,

이 오래된
'샤토 오브리옹'과
숙성육의 근사한
마리아주는,

그 상반된
요소들을
동시에 갖춘―

그래요,
그야말로 지금의
두 사람 같은
이미지입니다.

이것 때문에 출장 셰프로 불러주신 겁니까?

긴 잠에서 깨어난 고기와 와인,

둘 다 생기발랄하게 자기들은 지금부터라고 말하는 것 같지 않습니까?

두 분을 만나보고 느꼈습니다.

예. 속으로는 서로가 다시 함께 일하고 싶어 하는 게 분명하다고,

하지만 와인도 좋은 것일수록 계기가 없으면,

마개를 열기가 쉽지 않아요.

그렇게 어영부영하는 사이 마실 시기를 놓쳐버리면,

아까운 상황이 벌어지겠 지요?

이 '오브리옹'도 지금 마개를 열기 잘했어요.

...맞는 말씀입니다.

오래된 술은 시즈쿠 씨가 말한 대로 제2의 정점을 향해 걸음을 옮기기 시작한 때가,

가장 매력적이라고 생각합니다.

......

이제야 솔직히 사과한다. 이시야마, 미안했다.

네 체면을 구긴 일을 제대로 사과하지 않았잖아.

무슨 소리야. 그렇게 말하면 나 역시,

그때는 정말 잘못했어.

나도 다시 사과한다.

두 분의
'시(時)와 각(刻)의
마리아주'를
위하여,

다시 한 번
건배할까요?

건배!

#161 END

#162 궁극의 숙성육

아하하하

아하하하

……

알겠습니다!

류스케, 이것도 따!

아, 안 돼!

공짜도 안 해~

오ー! 마실 시기를 맞이한 와인이!!

이건 숙성육과 어울리겠어요.

세, 셀러!

적당하지 싶군요, 다카스기 씨.

스읏

다음엔 이게,

냄새 맡고 온 거예요.

이 사람들 누가 불렀어?

옙!!

류스케! 마개를 따!!

예에, 그렇지요.

아하하하하

와하하하하

고기와 술값은 받지 않겠습니다!

어, 정말 그래도 되겠습니까?

오래된 와인도 추가로 가져왔습니다ー!

기다렸습니다ー!

숙성육을 추가로 구워왔습니다ー!

자.

아마도 근사한
올드 와인일
겁니다.

하도
오래된 거라
뭐가 뭔지
못 알아보겠다.

이 정도로 오래되면
산지며 포도품종이며
다 비슷비슷해지는 것
같아~~.

맛이
있기는
한데,

으―음...

술 마시는 건 예정에 없었기 때문에 차로 왔는데,

이렇게 취해버려서 차를 두고 오게 됐네요….

이렇게 거들어주셔서.

이것 참~~ 고맙습니다~.

149

두 분이 화해했으니 그게 최고죠.

괜찮아요, 괜찮아요.

아하하하하

저도 이 시간까지 머물 줄은 몰랐습니다.

물론 입니다.

쉽게 맛보기 힘든 비장의 숙성육을 선보이겠 습니다.

솜씨를 발휘 해서,

이제 숙성육과 숙성 와인의 멋진 마리아주를,

그 가게에서 다시 맛볼 수 있겠군요.

궁극의 올드 와인을 내놓을까 봅니다.

저도 소중히 간직해 둔,

이건 저에게 어떤 의미에서

'신의 물방울'이라 부를 만한 와인이에요.

'신의 물방울'···.

······

'시간의 문'을 찾아오셨던 거죠?

처음부터 그걸 찾으려고,

그야 당연하죠.

아! 역시 눈치 채셨어요?

151

하지만 '신의 물방울'은 와인이잖아.

와인 업계에 오래 몸담은 사람들 중에 '12사도'와 '신의 물방울' 소문을 모르는 사람은 없으니까요.

왜 숙성육과의 마리아주가 필요해?

어쩌면 그건 아버지가 예전에 그 가게를 방문했던 것과

무관하지 않을 것도 같아요.

그렇군요….

칸자키 유타카 선생님이 우리의 마리아주에서…

'무언가'를 느끼신 건 분명해 보입니다.

그것이 궁극의
한 병—,

'신의 물방울'로
이어지는
힌트일지
모른다면,

지금 저희가
할 수 있는 모든 것을
동원해 돕겠습니다.

내일이라도
들러 주세요.

…부탁
드립니다.

오늘 잘 부탁 드립니다,

스모 소믈리에,

이시야마 셰프.

예.

어서 오십시오.

이쪽입니다.

그러면 오늘 드시게 될 궁극의 숙성육을 보여드리겠습니다.

우와!

엄청나
네요!

추워!

바람에
날려갈 것
같아….

감기
걸리지 않게
조심하세요.

아,
예에.

휘잉

쿄,
콧물이…

온도는
1도에서 2도 정도를
유지하고,
습도는 70퍼센트
정도로 억제합니다.

이 정도 바람이
불어대니까
체감온도는
0도 이하일
겁니다.

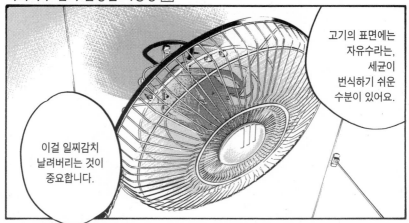

고기의 표면에는 자유수라는, 세균이 번식하기 쉬운 수분이 있어요.

이걸 일찌감치 날려버리는 것이 중요합니다.

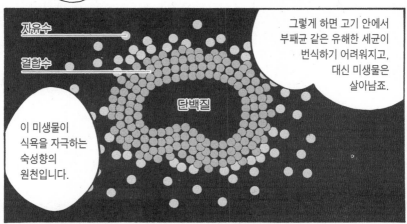

자유수

결합수

단백질

그렇게 하면 고기 안에서 부패균 같은 유해한 세균이 번식하기 어려워지고, 대신 미생물은 살아남죠.

이 미생물이 식욕을 자극하는 숙성향의 원천입니다.

그렇구나.

고기 속의
분해 효소인
프로테아제가
단백질을
분해해서,

이렇게
에이징을
반복하면,

이것이
숙성육의
'감칠맛'이
되는 겁니다.

아미노산과
펩티드 등을
만들어
줍니다.

보기에는
그렇지.

냄새는
말도 못하게
맛있을 것
같아.

보기에는
바짝 마른
고기들
이라,

음—.
그런데
썩지 않는 게
신기하네요.

맛있어
보이지가
않아요.

이게 고기의 숙성향이라면, 와인의 그것과도 공통점이 있겠어요.

아마 그럴 겁니다.

......

저도 평소에는 가게에 내놓지 않는 '궁극의 숙성육'을 소개할 작정입니다.

오늘은 와인도 스모가 궁극의 숙성 와인을 준비한 모양이에요.

'궁극의 숙성육'.

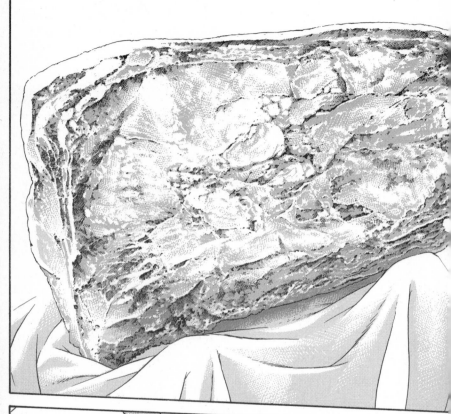

선반에 있는 고기들은
평소에 가게에서
판매하는 건데,
대부분 40일을
숙성시킨
고기입니다.

이거
먹을 수
있어요?

어,
엄청나
….

새하얘!!

예.

그 정도는 아무것도 아니에요.

하지만 '궁극'이 붙는 이상,

40일? 그것도 상당히 기네요.

예.

400일?!

10배인 400일이나 숙성을 거듭한 고기입니다.

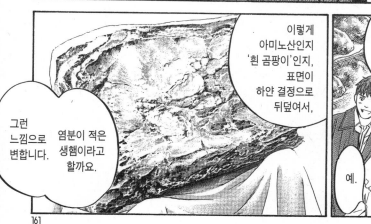

이렇게 아미노산인지 '흰 곰팡이'인지, 표면이 하얀 결정으로 뒤덮여서,

그런 느낌으로 변합니다.

염분이 적은 생햄이라고 할까요.

1년이 넘네. 진짜 '궁극'이다.

예.

이걸
오늘 구워
주신다고요?

먹을 수 있는
부분은 불과
1킬로그램
정도밖에
안 됩니다.

다만,
10킬로
그램인
고기에서,

수지가 안 맞아서
가게에는
내놓지 않아요.

스모도
슬슬 와인을
준비해 놨을
겁니다.

다시
가게로
갈까요?

이미
주방에서
다듬어
상온에서
녹이고
있습니다.

대체
뭘까….

궁극의
숙성 와인은

그게….

와인을
준비했습니다,

예.
어떤 루트를
통해서
구한…

저의
일생일대의
보물입니다.

보르도
5대 샤토의
필두라고
명성이
자자한

'샤토 라피트
로트칠드'…

칸자키
시즈쿠 씨.

꿀꺽

1917년산
입니다.

보르도 5대 샤토의
필두라고
명성이 자자한
'샤토 라피트
로트칠드'…

1917년산
입니다.

#163　　　영원한 보르도

틀림
없습니다.

미,
믿어지지
않아요.

아는 분을 통해
샤토에서
직접 입수한
것입니다.

진짜인가요?

이렇게
귀한 것을.

저, 정말
괜찮겠
습니까…?

얼마 전에
홍콩의 옥션에서
1869년산
'라피트' 3병이
병당 2천만 엔
가까운 가격에
낙찰됐다는

이건
옥션에 내놓으면
몇 백만 엔에
팔릴지도 몰라요.

그러
니까―.

뉴스가
나왔죠.

아뇨.
와인이라는 것은
보석이나
귀중품과는
다릅니다.

이것은
마시기 위해
태어난 겁니다.

누군가가 마시고,
마신 사람에게
행복을 주는 것.

그 순간에
바로 세상에 나온
의미가 있어요.

감사히
마시겠습니다.

와인도
그러기를
바랄
겁니다.

함께 마시고
저와
그 행복을
공유
하십시다.

음식이 나왔습니다.

이시야마 류(流) 궁극의 에이징 비프 400일 숙성육으로 만든 심플 스테이크입니다.

1917년산 '라피트'와의 마리아주를 즐겨주십시오.

바로 피크아웃해서 끝나버릴 우려가 있어요.

너무 일찍 열어도 이 정도로 오래된 와인은,

예.

냄새가….

신중하게 처리했습니다.

사실은 조금 전에 마개를 열어 뒀습니다.

훌륭해.

으음―.

도저히 믿어지지 않을 정도로 젊고 솟구치는 힘이 느껴져.

……

이게 한 세기 전의 와인이라니.

170

……

그래도 나는 마실 거야.

있잖아, 시즈쿠 씨.

혹시 이 와인이 '신의 물방울' 이라면…

와인은 일기일회야.

또다시 만날 가능성은 거의 없어.

완전히 같은 컨디션의 '라피트' 1917년산과,

마실 거군요, 그렇다면.

응.

그리고 나는 지금 칸자키 유타카가 이 가게를 방문한 그 순간을 경험해 보려고 해.

대체 여기는
어디일까….

암흑이다.

그래.
어딘지 모르게
인간의 영혼 같은
애절함이
담겨 있어서…

이 빛은
반딧불이의
빛….

약한 빛인데도
생명의 숨결로
가득한
반짝임이에요.

뭘까,
이 빛은?

까만 밤,
무수히 많은
반딧불이가
반짝이고
있어요.

오오….

숙성육의
깊은 맛.

시간이
선물해준
깊고 존엄한
생명의 맛.

아니,
어둠 저편에
무언가가
더 있습니다.

뭐지?

성이다….

예전에
이곳에 서 있던
우아한 성이
그 자취를 공간에
아로새겼어요.

그리고
사람들의
기억 속에
계속 머물러
있지요….

하지만
이 덧없는 어둠에
떠 있는 듯한
성의 모습은
아마도 환상에
불과할 것입니다.

하지만 그 기억은
무리를 이룬
생명의 빛으로 인해
세대를 넘어 영원히
이야기를 이어갑니다—

어쩌면
이것이 바로—

맞아요.
형태가 있는 것은
언젠가는 그 형태를
잃게 마련이에요.

정말 어마어마한
표현을 하는구나…,
시즈쿠 씨는.

이건 두려워서
물어볼 수가
없어.

괜찮을까요?

우리도 마시고
먹어봐도

물론입니다.

행복한 환상이
우리를
에워쌌습니다ー.

'샤토 라피트'
1917년산.

보르도
일급 샤토의
필두라고 하는

궁극의
숙성육.

와인으로서의
품격과
생생한 생명력을
잃지 않은 채,
백 년의 시간을
살아낸
이 명작과…

'신의 물방울'을
찾는
시즈쿠 씨에게
어떤 영감을
안겨주었을까…

그 둘을
마리아주하는
것이

나는 무심코
물었습니다.

시즈쿠 씨.

그런
호기심에
사로잡혀,

이
'라피트'는…

마리아주 제19권에 계속

잇세의 확신은 어디에서 오는가.
이로써 '신의 물방울'에 또 한 걸음 다가섰습니다.
마리아쥬 19
신의 물방울 최종장
글/Tadashi Agi 그림/Shu Okimoto

반전에 반전을 거듭하는 초열혈기교활극!

완전판 대 발매!!

ALCHIMIE
LE GRAND SECRET

01

VERSION COMPLETE

완전판
꼭두각시 서커스

Kazuhiro FUJITA
GREATEST SHOWS
정식 한국어판
번역서비스

**잡지 연재시
컬러 원고 완전 수록!
연재 초기 설정과
미공개 일러스트도
공개!**

100억의 유산을 물려 받은 소년 사이가 마사루,
마사루를 지키려는 은발의 인형술사 시로가네,
조나하 병에 걸린 가토 나루미가 만나면서
200년의 인연을 넘은 처절한 전투의 막이 열린다…

亞人
아인

Gamon Sakurai

절대로 죽지 않는 신종 인류 〈아인〉
죽어야만 알게 되는 존재, 죽어도 죽지 않는 존재 등장!!

17년 전, 아프리카의 전장에 죽지 않는 인간이 나타났다.
그 후, 드물게 인류에 나타나는 결코 죽지 않는 미지의 신생물을
인간은 「아인(亞人)」이라 불렀다.
여름방학 직전, 한 일본인 고교생이
하교길에 교통사고를 당해 즉사한 후 되살아난다.
그 소년에게는 거액의 상금이 걸리고,
전 인류를 상대로 한 소년의 도피행이 시작되는데….

극장판, TV판
애니메이션
화제작!!

원시 시대에서 살아남아라!!

『아일랜드』, 『홀리랜드』
모리 코우지의 최신작!

창세의 타이가

타이가는 대학교 인류학 강좌 동기들과 함께 호주로 졸업여행을 떠나게 된다.
와이너리로 향하던 중 우연히 동굴을 발견하고 호기심에 들어갔지만 갑작스럽게 붕괴된다.
하지만 가까스로 동굴을 빠져나온 그들 앞에는 절망의 풍경이 펼쳐져 있었는데….
낯선 이곳은― 신생대 원시 시대?!

타이가 일행의 생존을 위한 모험이 시작된다!!

(주)학산문화사

『악의 꽃』 작가가 그리는
선혈의 다크 히어로 기담
해피니스
Shuzo Oshimi
수수께끼의 소녀에게 습격당해
결단을 강요받은 그날 밤.
행복하지도, 불행하지도 않던
나의 평범한 일상은
흔적도 없이 부서지고 말았다….
목에 남은 '상처'.
뭔가를 갈구하며 멈추지 않는 '갈증'.
별 볼일 없는 고교생이었던
오카자키를 기다리는 운명은…?!
악의꽃 전 11권 절찬 판매중!!
발행(주)학산문화사
©Shuzo Oshimi/Kodansha Ltd.

마리아주 신의 물방울 최종장 18

2020년 7월 25일 초판발행
2021년 3월 30일 2쇄발행

저　　자 : Tadashi Agi/Shu Okimoto
역　　자 : 설은미
발 행 인 : 정동훈
편집책임 : 황정아 김은실
미술담당 : 윤석민
발 행 처 : (주)학산문화사

서울특별시 동작구 상도로 282 학산빌딩
편집부 : 828-8864　FAX : 828-8890
영업부 : 828-8986
1995년 7월 1일 등록 제3-632호
http://www.haksanpub.co.kr

취재협력 : Sanoman, Gottie's BEEF

ISBN 979-11-348-5695-3 07650
ISBN 979-11-256-9275-1(세트)

값5,000원